엄마와 아빠는 굉장히 중요한 역할을 해요.
여러분을 보살펴 주고 어른이 되어 스스로 사는 법을 가르쳐 주지요.
동물 엄마들과 아빠들도 우리처럼 할까요?

어떤 동물은 그렇지 않아요. 이를테면 뻐꾸기처럼 말이에요.
뻐꾸기는 다른 새의 둥지에 알을 낳아요.
그러고 나서 날아가 버리지요. 뒤도 안 돌아보고 말이에요.

하지만 대부분의 다른 동물들은 자신의 아기를 정성껏 돌본답니다.
플라밍고는 엄마와 아빠가 역할을 나누어 맡아요.
황제펭귄은 아빠가 알을 품어 부화시키지요.
그런가 하면 오랑우탄은 엄마가 모든 일을 도맡아 하지요.
세상에는 아주 훌륭한 엄마 동물과 아빠 동물이 많아요.
그럼 어떤 동물들이 있는지 한 번 알아볼까요?

목차

황제펭귄	8
여우	14
오랑우탄	20
흰동가리	26
홍학	32
붉은캥거루	38
금화조	44
늑대	50
가시해마	56

황제펭귄

우리는 지구에서 가장 추운 곳에 살아요. 바로 지구의 가장 아래, 남극이지요. 얼음뿐인 이곳에서 우리는 어떻게든 알이 부화하도록 노력한답니다. 그리고 갓 태어난 새끼들이 춥지 않도록 따스하게 품어 주어요.

나는 누구일까요?

- 이름: 황제펭귄
- 종류: 조류

크기: 110~130센티미터(꼬리를 뺀 길이)
수컷과 암컷의 크기가 같아요.
수컷의 무게가 조금 더
나간답니다.

우리 엄마 아빠가 최고야:
아빠는 아무것도 먹지 않고
두 달가량 알을 품어요.
새끼가 태어나면 한 달 동안은
엄마가 혼자서 새끼를 돌봅니다.
그 후 엄마와 아빠가
돌아가며 먹이를 구해 와요.

다리:
물갈퀴가 있는
짧은 다리 2개

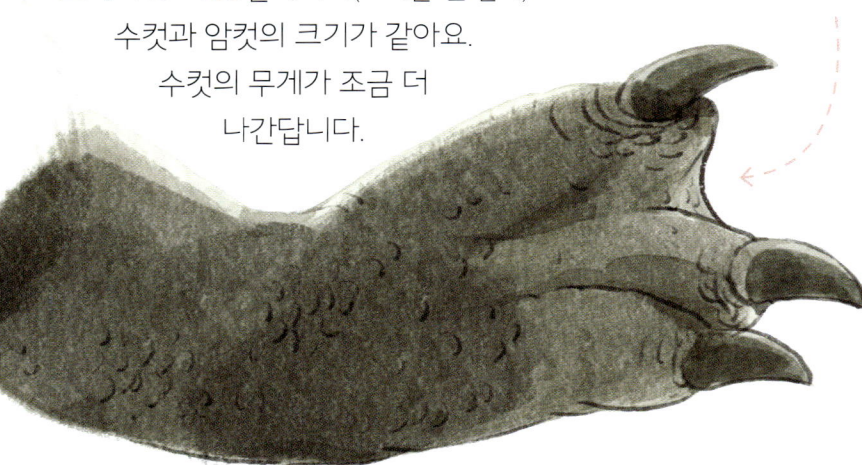

뾰족한 **발톱** 덕분에
얼음을 **잡을** 수 있어요.

서식지: 남극의 빙원에 살아요.

먹이:
물고기, 크릴새우, 오징어

속도:
육지에서는 뒤뚱뒤뚱, 느릿느릿 걷고, 배를 깔고 미끄럼을 타기도 하지요.
하지만 물속에서는 **시속 10킬로미터**로 헤엄치는 뛰어난 수영선수랍니다.

0　　10 km/h

천적:
남극도둑갈매기와 같은 커다란 새들이
종종 어린 펭귄을 노려요.

범고래 상어 바다표범

구부러진 부리에
있는 **주황색 줄무늬**

머리 옆에는 **황금색 반점**이
목까지 펼쳐져 있지요.

짧은 날개 덕분에
땅 위에서 **균형**을
잡을 수 있어요.

나에게는 두께가 4센티미터나
되는 **지방층**과 아주 빽빽한
깃털이 있답니다. 그래서
거친 눈보라와 꽁꽁 언
바닷물속에서도 **끄떡없어요**.

오직 황제펭귄만이 **겨울**에 알을 부화시켜요. 남극은 4월에서
10월까지가 겨울이에요. 이때는 해가 없는 어두운 나날이
지속되어요.

1월부터 3월까지는 낮과 밤을 가리지 않고 **먹이**를 구해요. 나는
물속 500미터까지 들어가서 20분 동안 잠수할 수 있답니다.
발로 얼마나 깊이 **헤엄쳐 갈지** 조절해요. 짧은 꼬리는 왼쪽 또는
오른쪽으로 방향을 바꾸는데 이용하지요. 날개는 배의 노처럼
쓴답니다.

4월이 시작되면 나는 다른 펭귄들과 함께 유빙을 떠나요.
새끼를 기를 육지를 찾아 **긴 여행**을 하지요. 때때로
100킬로미터나 갈 때도 있어요! 우리는 다른 펭귄
수천 마리와 함께 새끼를 키운답니다.

*유빙 : 바다 위에 떠있는 얼음덩어리

모든 펭귄은 **바짝 붙어 서서** 원 모양을 만들어요.
바깥에 선 펭귄은 천천히 돌다가 체온이 낮아지면
안으로 들어오지요. 안이 더 따뜻하고 아늑해요.
이렇게 바깥에서 안으로, 안에서 다시 바깥으로 나가는
방식으로 **서로 돌아가며 따뜻함**을 즐긴답니다.

5월 말 즈음, 엄마는 대략 470그램 정도 되는 알을 낳아 아빠에게 넘겨주어요. 아빠 펭귄은 다른 새들이 그러하듯 알 위에 절대 앉지 않아요. 아빠는 주머니 같이 생긴 살로 따뜻하게 덮어주어요. 알을 낳기 위해 엄마는 많은 힘이 필요했답니다. 그래서 엄마는 출산 후 지방을 보충하러 바다로 돌아가요. 두 달 동안 아빠는 아무것도 먹지 않고 알을 품지요. 그동안 아빠 몸무게는 20킬로그램이나 빠지고 말아요.

알의 껍데기는 매우 단단해요. 나는 알에서 나오기 위해 이틀 내내 부리로 알을 쪼아요. 알을 깨고 나오면 아빠는 내게 따스한 온기와 먹이를 주지요. 아빠가 말하길 엄마가 곧 올 거래요. 그리고 아빠 말이 맞았어요. 엄마가 뱃속 가득 먹이를 먹고 돌아왔거든요. 엄마는 매일 먹이를 조금씩 토해 내어 내게 주어요. 그러면 나는 편안히 먹을 수 있어요.

그 사이에 아빠는 먹이를 먹으러 4주 동안 바다로 떠나요.
그러고 나서 엄마와 아빠가 돌아가면서 나를 보살펴 주지요.
10월 중순이면 다른 새끼들과 한군데 옹기종기 모여 돌봄을
받아요. 우리는 다른 부모 펭귄들이 먹이를 구해 오는 동안
따뜻하고 안전하게 있을 수 있답니다. 12월이 되면 깃털이
완전히 자라 스스로 살아갈 수 있어요.

여우

나는 영리하고 능글맞은 성격 덕분에 많은 이야기에 등장해요. 하지만 아내와 아이들에게 줄 먹이를 구하려면 꼭 있어야 할 능력이지요. 어때요? 내 붉은 털과 두툼한 꼬리가 멋지지 않나요?

나는 누구일까요?

이름: 여우
종류: 포유류

크기:
몸집은 45~90센티미터이며,
꼬리는 32~56센티미터 정도예요.
수컷이 암컷보다 조금 더 커요

고기를 씹을 수 있는
4개의 날카로운
송곳니와
단단한 턱

다리:
4개의 긴 다리

먹이:
작은 포유류, 새, 알, 과일, 먹고 남은 음식 등
보이는 것은 무엇이든 먹을 수 있어요.

서식지: 숲, 바위가 많은 초원과 공원, 도시의 야생 구역 등
북반구 대부분의 지역에서 살아요. 오스트레일리아에서는
원래 살지 않았지만, 사람이 들여왔어요.

속도:
나는 평소에 시속 10킬로미터 정도로 달려요. 짧은 거리를 갈 때는
한 시간에 최대 **50킬로미터**까지 달릴 수 있답니다.

0   50 km/h   100

우리 엄마 아빠가 최고야:
엄마가 굴에서 어린 여우들과
함께 지내는 동안, 아빠는 가족들의
먹을거리를 모두 구해 와요.

천적:

독수리   붉은 스라소니   늑대   곰   퓨마
(북미산 야생고양이)

굉장히 **유연해서**
수영도 잘하고
2미터나 되는 울타리도
훌쩍 뛰어넘을 수 있어요.

삼각형의 머리에
뾰족한 코와 귀,
기다란 수염이 있어요.

두껍고 **북슬북슬한 꼬리가**
있어요. 꼿꼿이 서 있을 때는
꼬리를 내린답니다.

무척이나 **소란스러워요**.
꽥 소리를 지르거나
울부짖기도 하고, 개처럼
멍멍 짖기도 해요.

나는 **부끄럼**을 많이 타는 동물이라서 거의 눈에 띄는 법이 없어요. **낮**에는 잠을 자고
밤이 되면 **사냥**하러 나가요. 사냥감이 보이면 발끝으로 살금살금 다가가 뒷다리로 풀쩍
뛰어올라요. 나는 땅 밑에서 동물들이 움직이는 소리도 들을 수 있답니다. 심지어 5미터나
멀리 떨어진 소리도 들을 수 있어요. 그러면 **재빨리** 땅을 파서 사냥감을 잡지요.
이렇게 청각이 예민하지만 나는 냄새도 굉장히 잘 맡아요.

우리 부부는 눈에 띄는 곳에 **오줌을 누어 영역 표시**를 해요.
강력한 오줌 냄새 덕분에 다른 동물들은 우리가 살고 있는 곳에
함부로 얼씬대지 않아요.

나는 **어디에서든지 잘 적응**하고 먹는 것도 가리지 않아요.
대도시에서도 내 모습이 보일 정도예요. 도시에서는 쥐나
고양이를 잡아먹거나 쓰레기통에서 음식물을 뒤져 먹어요.

17

봄이 되었어요. 형들은 벌써 집을 떠났답니다. 누나랑 나는 엄마와 아빠 곁에
사는 게 더 좋아요. 우리는 새로 태어날 동생들을 맞이하기 위해 원래 살던 굴로
돌아왔어요. 우리는 보통 덤불 사이의 작은 공간에 숨어서 잠을 잔답니다.
하지만 새끼 여우가 태어나면 땅 밑 굴이 좀 더 안전해요.

엄마와 아빠는 굴을 청소해요. 앞발로 흙을 긁어내고
뒷발로는 긁어모은 흙을 굴 밖으로 차 버리지요. 그러고 나서
땅을 잘 다지면 그 위에 먹이를 올려놓을 수 있어요. 이곳은
우리의 놀이터이기도 해요.

갓 태어난 새끼들은 앞도 볼 수 없고 귀도 들리지 않아요. 하지만 부드러운 털을 지녔어요. 꼬리는 몸의 반을 차지할 만큼 길어요. 엄마는 출산 후 첫 주 동안 아기들 곁에 머물러요. 아기들을 따뜻이 보듬어 주고 젖을 먹이지요. 아빠는 엄마가 건강하고 튼튼히 지낼 수 있도록 먹이를 구해다 주어요. 나는 엄마와 아빠를 도와 동생들을 돌보아요.

한 달이 지나면 새끼들은 굴 밖에 나갈 수 있어요. 우리는 많은 시간을 함께 놀아요. 여우들은 거친 놀이를 좋아한답니다. 종종 엄마나 아빠가 공원이나 골프장에서 작은 공을 주워 오기도 해요. 가족들과 함께 하는 놀이는 언제나 즐거워요!

오랑우탄

나는 나뭇가지에 매달려 이 나무에서 저 나무로 옮겨 다녀요. 나는 나무에서 사는 동물 중 가장 몸집이 커요. 어린 아기에게는 숲에 대한 모든 것을 가르쳐 주지요. 숲은 배울 것이 무척 많거든요. 엄마와 나는 8년이나 함께 살아요. 그 어떤 동물도 이렇게 오랫동안 자식을 보살펴 주지 않아요.

나는 누구일까요?

- 이름: 오랑우탄
- 종류: 포유류

팔은 다리보다
약 1.5배 정도 길답니다.

팔과 다리:
2개의 긴 근육질 팔과 짧고 구부러진
뒷다리가 있어요. 4개의 유연한 손가락과
발가락이 있고 여기에 짧은 엄지손가락과
엄지발가락이 하나씩 있어요.

크기:
수컷은 150센티미터,
암컷은 120센티미터 정도 되어요.

우리 엄마가 최고야:
엄마는 8년 동안
새끼를 돌보아 주어요.

먹이:
과일, 식물,
곤충(개미와 흰개미),
새의 알

서식지:
수마트라 섬과 보르네오 섬의 열대 우림에 살아요.

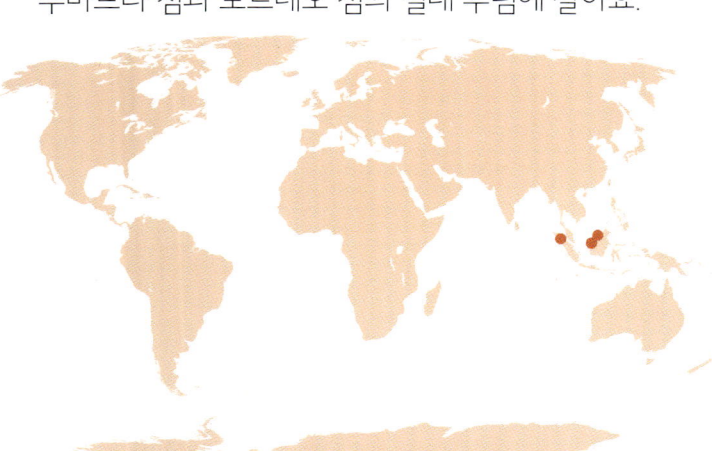

속도: 시속 5킬로미터

0 5 km/h   100

천적:

호랑이　　구름무늬 표범　　악어　　사람

사람들은 나무를 잘라 밭과 길을 만들어요. 그렇게 해서 결국 우리의 보금자리가 줄어들고 말았어요. 어린 오랑우탄을 잡아 애완동물로 팔아 버리기도 한답니다.

오랑(Orang)과 후탄(hutan)은 말레이시아어에서 따온 말이에요. 사람과 숲이라는 뜻이에요. 오랑우탄은 **숲에 사는 사람**인 셈이지요.

나의 **팔 근육**은 매우 탄탄해요. 그래서 몸을 효율적으로 지탱해 줄 수 있지요. **먹이**를 모으는 데 **시간이 오래** 걸리기 때문에 나는 느릿느릿 움직여요.

사람처럼 **이빨**이 32개 있어요.

수컷은 눈과 귀 사이에 **펄렁거리는 볼**이 있어요. 목구멍 주머니도 암컷보다 크고 턱수염까지 있지요.

우리는 **고릴라 다음으로 큰 영장류**예요. 힘도 사람보다 7배나 **세답니다**. 여느 다른 원숭이과 동물과는 달리 혼자 살 때가 많아요.

나는 열대우림에서 어떤 종류의 **과일이 언제 어디에서 익는지** 정확히 알고 있어요. 먹이를 구하는 데 **도구**를 쓰기도 하지요. 내가 정말 **똑똑하다**고 생각되지 않나요? 게다가 **손과 발**을 이용해서 **음식**을 입에 넣을 수 있어요. 이 기술은 나무에 매달려서 맛난 과일을 먹으려 할 때 편리하지요. 음식을 먹기 전에 **입술**에 살짝 **대어** 보기도 해요.

엄마는 낮이고 밤이고 늘 나와 함께 있어 줘요.
태어난 후 2년 동안은 나는 엄마의 붉은빛 털을
꼭 잡고 살아요. 우리는 함께 이 나무에서 저 나무로
건너고 밤에도 같은 둥지에서 잠들어요. 나중에
조금 더 자라 혼자 나뭇가지 위를 걸을 때도
엄마 손은 꼭 잡는답니다. 누나와 다른 엄마들도
나를 도와주어요. 이따금 엄마가 다리 역할을
해 주면 나는 엄마의 팔과 어깨 위를 지나 다른
나뭇가지로 가기도 한답니다.

엄마는 어떤 열매와 식물을 먹어도 되는지 가르쳐 주어요.
두리안의 과육을 먹는 법도 가르쳐 주지요. 두리안은
우리가 사는 곳에서 나는 과일인데, 껍질에 뾰족한
가시가 있어요. 지독한 냄새가 나기는 하지만
두리안의 맛은 기가 막혀요!

나는 엄마가 나뭇가지 사용하는 모습을
유심히 관찰해요. 엄마는 나뭇가지로
나무 열매를 따거나 벌집에서 꿀을 가져와요.
나뭇가지로 둥지도 파헤쳐서 내가 개미와
흰개미를 먹을 수 있게 해 줘요.

엄마는 내게 나무 위에 둥지 만드는 법도 알려 주지요.
튼튼한 줄기 위에 나뭇가지를 얼기설기 올려놓아요.
여기에 싱싱한 잔가지와 나뭇잎을 얹지요.
그러면 폭신폭신한 침대가 완성!

호수에서 엄마는 항상 손으로 그릇 모양을 만들어
물을 마셔요. 나도 엄마를 따라 하면서 신선한 물을
마시지요. 여덟 살이 될 때까지 엄마는 내게 젖도
먹여요. 우리 엄마는 정말 못하는 게 없어요!

흰동가리

우리는 말미잘과 함께 살아요. 우리가 가장 좋아하는 보금자리예요. 여기에 알을 낳으면 안전하게 지킬 수 있거든요. 그래서 우리를 말미잘 물고기라고도 부른답니다. 광대 물고기도 나의 다른 이름이에요. 내가 누구인지 무척 궁금하죠?

나는 누구일까요?

- 이름: 흰동가리
- 종류: 어류

크기:
8~11센티미터
암컷이 수컷보다 훨씬 커요.

지느러미:
등지느러미 2개, 가슴지느러미 2개,
배지느러미 2개, 뒷지느러미 1개,
그리고 꼬리지느러미 1개

우리 엄마 아빠가 최고야:
아빠는 엄마가 낳은 알을 지켜 주어요.
산소가 녹아 있는 물을 알이
많이 얻을 수 있도록 둘이 함께
지느러미를 펄럭거려요.

우리 몸에는 **흰 줄무늬**가 세 개
있어요. 그래서 사람들은 우리 얼굴이
광대 같다고 생각했어요.

먹이:
플랑크톤, 해조류,
작은 해양 생물들
(연체동물과 갑각류)

서식지:
동아시아 열대 산호초 지역의 따뜻한 바다에 살아요.

속도: 시속 6킬로미터

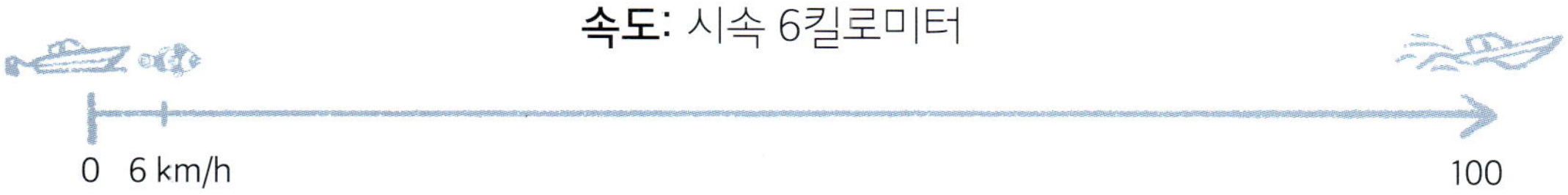

0   6 km/h   100

천적:

커다란 물고기   상어

흰동가리는 태어날 때 모두 **수컷이에요.**
무리 안에 암컷이 없으면 가장 큰 수컷이 **암컷**으로 변한답니다.

말미잘에는 **독이 있는 촉수**가 있어서 나를 죽일 수도 있어요. 그래서 나는 아름다운 말미잘을 하나 고른 다음 그 주위를 돌며 춤을 춰요. 그러고는 일단 지느러미로 말미잘을 슬쩍 건드리지요. 그다음 몸의 다른 부분도 갖다 대어요. 이렇게 하면 내 비늘에서 **점액**이 나와 말미잘의 독을 **막을** 수 있답니다.

말미잘과 나는 서로 도움을 주고받아요. 나는 먹이 부스러기를 먹어서 말미잘 주변을 깨끗이 청소해 주지요. 헤엄치면서 말미잘에게 물속에 있는 산소를 공급해 주고 먹이도 주어요. 말미잘을 먹으려는 물고기를 쫓아내기도 해요. 그 대가로 나는 말미잘과 함께 살 수 있어요. 그리고 말미잘도 나를 공격하려는 물고기를 독으로 죽인답니다.

나는 암컷이에요.
다 큰 수컷과 어린 수컷들
몇몇과 함께 살지요. 크기를 보면
우리가 얼마나 **중요한지** 알 수
있어요. **암컷은 무리에서
가장 덩치가 크답니다.**

나는 멀리 떠나지 않고 말미잘 곁에 안전하게 머물러요.
내 수영 실력은 그다지 뛰어나지 않기 때문이에요.

엄마와 아빠는 말미잘 촉수 사이에 알 낳기 좋은 곳을 찾아요. 보름달이 뜨는 날, 엄마는 골라 놓은 장소 위를 몇 번 더 헤엄치지요. 여기에 알을 400~1,500개 정도 낳아요. 아빠는 엄마 뒤를 따라다니며 알을 수정시켜요.

그 후 아빠는 알들을 조심조심 돌보아요. 불량한 알을 골라
먹어 버리기도 하지요. 왜냐하면 상한 알이 다른 알까지
오염시킬 수 있거든요. 날마다 아빠는 알들이 잘 있는지
살펴봐요. 지느러미를 알 방향으로 펄럭이기도 하고요.
엄마도 아빠 일을 도와 같이 펄럭여요. 이렇게 하면
많은 공기가 들어가서 알들이 자라는 데 도움이 되어요.

일주일이 지나면 우리는 투명한 치어가 되어 알을 뚫고 나와요.
이제 달빛을 향해 헤엄치며 물길을 따라 몸을 맡기면 돼요.
우리는 플랑크톤을 먹으며 살아가기 때문에 더 이상 엄마와 아빠가
필요하지 않답니다. 몇 주가 더 지나면 우리도 엄마 아빠처럼
색깔이 진해지고, 앞으로 함께 살아갈 말미잘을 직접 고른답니다.

홍학

우리는 커다란 무리를 이루어 함께 살아요. 다 같이 먹고, 같이 날고, 같이 새끼를 키우지요. 그래도 둥지는 따로따로 지어요. 각각 짝을 이루어 진흙 속에 둥지를 만들어요. 여기에 알을 하나 낳고 아주 정성껏 돌본답니다.

천적:

재규어　맹금류　너구리

맹금류와 너구리는 알을 훔치고
어린 홍학을 공격해요.

우리 엄마 아빠가 최고야:
엄마와 아빠는 돌아가며
둥지의 알을 품어 주어요.
먹어서 부드럽게 만든 젖같은
먹이를 새끼들에게 주어요.

우리는 수천 마리가 **무리 지어**
살면서 **서로를 지켜 주어요**.
왜냐하면 먹이를 찾느라 머리를
물속에 넣을 때 쉽게 공격의
대상이 되기 때문이지요.

부리를 위아래로 움직이며
진흙 속을 뒤져, **부리로 먹이를 떠먹어요**.
내 **부리**는 **거름망**과 같은 역할을 해요.
먹이를 뜨면 물은 아래로 흘러내려
부리 안에는 먹이만 남거든요.

더 이상 먹이를 찾을 수
없으면 밤에 무리들과 함께
다른 지역으로 날아가요.
하늘을 나는 동안에는 **목과 다리를
길게 쭉 뻗는답니다**. 쭉 펼친 날개
아래로 **까만 깃털**이 보이지요.
날지 않을 때는 보이지 않아요.

나는 **다리 하나를 들고 쉬어요**. 이렇게 있으면
힘이 덜 든답니다. **다른 한 짝**은 몸속에 넣어
발가락을 **따뜻하게** 해 줘요. 나는 **바람**이 불어오는
방향으로 서 있는 걸 좋아해요. 바람이 내 **깃털**을
훑으면서 빗질하듯이 **정리**해 주거든요.

깃털이 분홍빛이 섞인 주황색인 이유는 조류와 작은 가재를 먹기 때문이에요.
나의 주요 먹잇감 안에 들어 있는 색소는 당근에도 있어요.

엄마와 아빠는 진흙에 야트막한 언덕을 지어요.
언덕 위에 알이 쏙 들어갈 정도로 구멍을 파지요.
높은 언덕을 만드는 이유는 알이 물이나
뜨거운 열에 피해를 입지 않도록
하기 위해서예요.

엄마와 아빠는 돌아가며 둥지를 지켜 주어요. 종종 엄마 아빠는 다리를 쭉 뻗거나 날개를 펴기도 하고, 잠시 깃털을 고르며 휴식을 취하기도 해요. 가끔은 부리로 알을 조심조심 굴리기도 해요.

한 달이 지나면 알의 껍데기에서 빠직하는 소리가 들려요. 바로 나예요! 내가 밖으로 나오려고 안간힘을 쓰는 모습을 엄마와 아빠는 조마조마한 눈길로 바라보아요. 알을 다 깨고 나오는 데에는 24시간에서 36시간이나 걸리거든요. 내가 알을 깨고 나오면 엄마와 아빠는 부리로 나를 어루만지며 내 회백색 깃털을 다듬어 주어요.

엄마와 아빠 둘 다 나에게 젖을 줄 수 있어요. 소화시킨 먹이를 토해 새끼들에게 먹이는 거예요. 새들의 젖은 영양 만점이랍니다. 일주일이 지나면 나는 둥지 밖으로 나올 수 있을 정도로 튼튼해져요. 엄마와 아빠는 언제나 내 곁에서 나를 지켜줘요. 진짜 깃털이 나올 때까지 먹이를 가져다주시지요. 태어난 지 11주가 되면 나의 쭉 뻗은 부리가 점점 구부러져요.

붉은캥거루

나는 어떤 동물보다도 빨리 뛰어오를 수 있어요. 빨리 움직일 때는 두 발로 점프해요. 달릴 때보다 점프할 때 에너지도 더 적게 쓰지요. 오스트레일리아의 더운 기후에서는 에너지를 아끼는 것이 무척 중요해요. 특히 아기를 엄마 혼자 돌봐야 한다면 더욱 그렇지요!

나는 누구일까요?

- 이름: 붉은캥거루
- 종류: 포유류

우리 엄마 아빠가 최고야:
엄마는 임신을 하고 있는 동안에도 주머니에 아기 캥거루를 넣고 다녀요. 배 속의 태아와 주머니 속의 아기를 동시에 돌볼 수 있는 셈이지요.

크기:
수컷은 최대 200센티미터이며 꼬리는 120센티미터예요.
암컷은 최대 105센티미터이며 꼬리가 85센티미터예요.

길고 뽀족한 **귀**

다리:
짧은 앞 다리 2개와 근육질의 긴 뒷다리 2개

암컷에게만 **아기 주머니**가 있어요.

서식지:
오스트레일리아의 건조한 내륙 지방. 나무가 듬성듬성 있는 탁 트인 초원에 살아요.

먹이:
식물, 그중에서도 풀

속도:
보통 한 시간에 20킬로미터로 달리지만, **최대 70킬로미터**까지도 뛸 수 있어요.

0   70 km/h   100

천적:

딩고
(오스트레일리아 들개)

독수리

오스트레일리아에는 **50종이 넘는** 캥거루가 살고 있어요. 그중에서도 **우리가** 가장 **크답니다**. **작은** 무리를 이루어 살고, **몇 달 동안 물 없이도** 생존할 수 있어요. 우리에게는 천적이 그다지 많지 않아요. **먹을거리도 풍부**하답니다. 농부들이 숲을 밀어내고 소를 키울 목초지를 만들면, 우리에게는 먹을 곳이 더 생기는 셈이니까요!

내 몸은 완전히 **근육질**이에요. 실제로 몸의 절반이 근육으로 되어 있어요. 이 중에서도 가장 힘이 센 근육은 뒷다리와 꼬리에 있어요. 나는 **8미터나 멀리 뛸** 수 있고 **3미터 높이로도 뛸** 수 있답니다. **위협**을 느끼면 **뒷다리**로 힘껏 땅을 쳐요. 내 **앞다리**도 뒷다리 못지않게 강해요. 앞다리는 **싸움**을 할 때 쓰지요. 마치 복싱 선수처럼 싸운답니다. 이따금 꼬리로 지탱하며 두 뒷다리로 **뻥 차기**도 해요.

근육질의 꼬리는 세 번째 다리 역할을 해요. 위로 뛰어오를 때 균형을 맞추어 주지요.

오스트레일리아는 무척이나 **더운** 곳이기 때문에 낮에는 그늘에 앉아 푹 쉬어요. 노을이 질 무렵이 되어서야 풀을 뜯기 시작하지요. 종종 나는 앞다리를 **침**으로 축축하게 해요. 이렇게 하면 **열기를 식힐 수** 있어요!

엄마는 거의 대부분 임신한 상태로 살아요.
때로는 배 속에 새로 생긴 아기가 아기 주머니에
공간이 생길 때까지 자라는 걸 멈추기도 한답니다.

33일 후 나는 스스로 엄마의 주머니를 찾아서 쏙 들어가요.
이때 나는 눈도 보이지 않고 털도 없는 데다가 크기도
2센티미터에 불과해요. 뒷다리도 아직 짜리몽땅하지요.
그래도 젖이 어디에 있는지 냄새로 알 수 있어서
엄마 젖꼭지를 빨 수 있답니다.

엄마에게는 젖꼭지가 4개 있는데 두 종류의 젖이 나와요.
하나는 오빠를 위한 거예요. 오빠도 코를 주머니에 들이밀어
젖을 먹거든요. 오빠는 한 살이 될 때까지 엄마젖을 먹어요.

엄마의 주머니는 안전한 공간이에요. 여기에 3개월간 있으면서 이따금 내 작은 머리만 쏙 내민답니다. 나는 주머니를 화장실로 쓰기도 해요. 주머니가 너무 더러워지면 엄마가 코를 주머니 안으로 넣어서 냄새를 맡아요. 혀로 지저분한 찌꺼기나 오줌, 배설물 등을 핥아 내지요.

엄마는 달칵거리는 소리로 나와 이야기해요. 다른 동물의 공격으로부터 나와 오빠를 막아 주고 성난 개처럼 으르렁거릴 줄도 알아요. 다리로는 딩고를 뻥 차 버리지요. 우리 엄마는 무엇이든 잘해요!

금화조

엄마와 아빠는 평생을 함께 살아요. 건조한 지역에 살면서 비가 많이 올 때까지 알을 낳지 않고 기다리지요. 비가 많이 올 때가 우리 아기들을 키우기 가장 좋은 시기이거든요.

나는 누구일까요?

| 이름: 금화조
| 종류: 조류

수컷의 볼에는 **주황색 반점**이 있고, 양옆에도 점들이 있어요.
암컷의 색깔은 훨씬 **단조로워요**.

수컷만 노래할 수 있어요.
암컷은 노래를 못해요.

수컷은 얼룩말처럼 **목에 흑백 줄무늬**가 있어요.

크기:
10~11센티미터

다리: 2개

서식지:
오스트레일리아와 인도네시아의 건조한 초원에 살아요.
여기저기에 덤불과 나무가 있는 곳을 좋아해요.

먹이:
주로 온갖 종류의 씨앗을 먹어요.
개미와 흰개미도 먹지요.

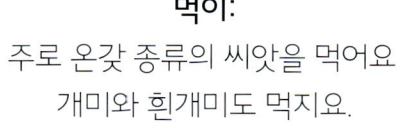

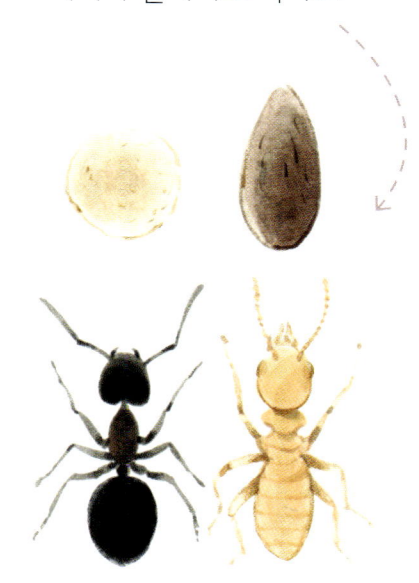

속도: 시속 30킬로미터

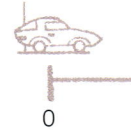 

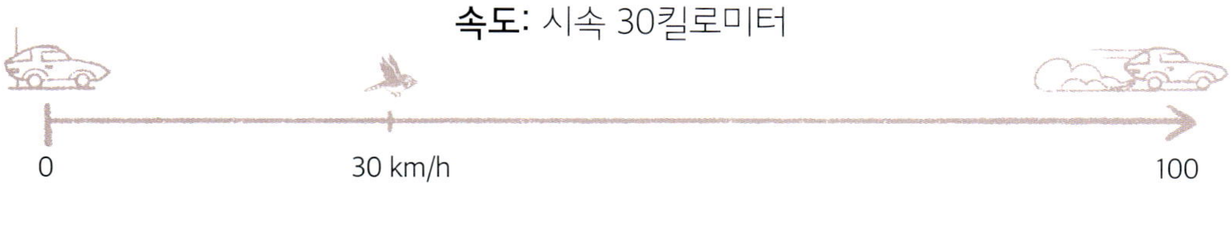

0   30 km/h   100

천적:

왕도마뱀　들쥐　뱀　맹금류　까마귀　유대류(배에 육아 주머니가 있는 동물)

어린 금화조의 **부리**는 **까만색**이에요.
다 큰 **암컷**의 부리는 **주황색**이고,
수컷의 부리는 **붉은색**이 되지요.

우리 엄마 아빠가 최고야:
엄마와 아빠는 함께 힘을 모아
둥지를 지키고 새끼를 돌보아요.
아빠는 아들에게 더할 나위 없이
훌륭한 노래 선생님이지요.

수컷은 모두 자신만의 노래가 있어서
새끼들에게 아빠의 노래를 들려주어요.
아들은 처음에는 아빠의 노래를 그대로
따라 하다가 **새로운 음**을 추가해요. 자신이
만든 멜로디가 마음에 들면 평생 동안 그 노래만
불러요. **암컷**은 노래하지 않아요. 하지만 수컷이
부르는 **노래를 알아들을** 수 있지요.

나는 **물**을 **마시지 않고도**
오랫동안 살 수 있어요. 물이
보이면 **목욕**을 즐긴답니다.

우리에게는 **천적이 아주 많아요**.
그래서 커다란 무리를 이루고 사는 게
더 **안전**하지요. 대략 50가족이 같은
구역에 둥지를 만들어요. 땅에서 **먹이**를
쪼아 먹을 때도 여럿이 **함께**한답니다.

우리의 깃털은 **매우 알록달록**한 것이 특징이에요. 그리고
가족의 수를 쉽게 **늘리지요**. 게다가 **아름다운 노래**도
부른답니다. 이러한 이유로 사람들은 150년 전부터
우리를 길들여서 **새장**에 넣었어요.

엄마와 아빠는 들장미 나무 또는 다른 나무 안에 둥지를 만들어요. 엄마가 장소를 고르면 아빠가 재료를 구해 오지요. 아빠가 풀 줄기로 바닥을 깔면 엄마는 그 위에 깃털과 솜털을 덮어 푹신하게 만든답니다. 여기에 알을 4~5개 낳아요.

엄마와 아빠는 번갈아가며 알을 품어요. 밤이 되면 둘이 함께 오붓하게 둥지에 앉지요. 누구라도 둥지 가까이에 오려고 하면 아빠가 쫓아 버려요.

2주가 지나자 알이 부화했어요. 엄마와 아빠는 돌아가며 우리 곁을 지켜요. 순서대로 먹이를 구해 오면서요. 엄마와 아빠는 오로지 씨앗만 먹지만, 우리를 먹이기 위해 곤충도 잡아 와요. 덕분에 우리는 튼튼하게 쑥쑥 자란답니다.

3주가 지나면 우리는 둥지를 떠나 날아올라요. 그래도 저녁이 되면 종종 둥지로 돌아와요. 엄마 아빠 곁에 있으면 아늑하거든요. 엄마 아빠는 언제나 우리를 따뜻하게 맞아 주지요. 35일이 지나면 엄마와 아빠는 우리에게 더 이상 가르쳐 줄 게 없어요. 이제 우리 스스로 살아갈 수 있답니다.

늑대

책에서 나는 무척 위험한 동물로 등장해요. 〈빨간 모자〉 동화책에 나오는 늑대가 가장 잘 알려져 있어요. 사실 우리는 사람을 무서워하기 때문에 항상 멀찌감치 떨어져 살아요. 우리는 가족, 그리고 우리 무리에 있는 다른 늑대들을 정성껏 돌본답니다.

나는 누구일까요?

- 이름: 늑대
- 종류: 포유류

크기:
수컷은 100~150센티미터이며, 꼬리는 30~50센티미터 정도예요. 암컷은 약간 작아요.

넓은 머리에 양옆으로 멀리 벌어져 있는 **작은 귀**

두꺼운 털 덕분에 혹독한 추위도 견딜 수 있어요.

굉장히 **강한 턱**을 지니고 있어요. 2.5센티미터나 되는 약간 구부러진 **송곳니**도 4개나 있어요.

다리:
4개의 길고 강인한 다리

우리 엄마 아빠가 최고야:
엄마는 새끼가 태어나고 삼 주 동안은 보금자리에서 함께 있어요. 그동안 아빠가 먹이를 구해 오지요.

서식지: 북반구의 숲, 초원, 산, 건조한 지역에 살아요.

먹이:
사슴, 멧돼지, 엘크, 들소, 산양, 비버, 토끼, 새, 작은 설치류

속도:
나는 1시간에 8~10킬로미터 정도로 뛰어요. 속도를 내면 **65킬로미터**까지 달릴 수 있답니다.

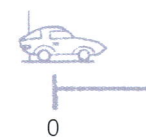 

0   65 km/h   100

나는 **개의 조상**이에요. 개처럼 사람이 들을 수 없는 **고음**을 내지요. **냄새도 아주 잘 맡고** 칠흑같이 어두운 밤에도 **멀리까지 볼 수** 있어요.

천적:

곰　　퓨마　　호랑이　　늑대　　사람

우리는 **울부짖거나 어떤 특정 자세를 취하여** 다른 늑대들에게 **정보**를 전달해요. **화가 나면** 털이 곤두서지요. 이빨을 드러내고 큰 소리로 으르렁대요. 하지만 겁이 나면 꼬리를 뒷다리 사이에 넣고 고개를 푹 숙인 채 기어 들어가는 목소리로 낑낑대지요. 내가 **울부짖는 소리**는 **10킬로미터 밖**에서도 들린답니다.

우리는 **무리 지어** 커다란 먹잇감을 **사냥하는 육식 동물**이에요. 주로 **새끼들이나 늙은 동물, 다친 동물**을 공격하지요. 이들은 빨리 움직일 수가 없어서 비교적 쉽게 잡을 수 있답니다.

우리 늑대 가족은 **무리**를 지어 살아요. **수컷 한 마리와 암컷 한 마리**가 가족을 책임지지요. 여기에 올해 태어난 어린 새끼들과 조금 먼저 태어난 수컷과 암컷이 있어요. 가끔은 다른 늑대가 함께하기도 하지만 **두 우두머리의** 말을 따라야 해요. 늑대 무리는 자신의 **영역**을 지키고 때로는 다른 무리를 공격하기도 한답니다.

53

내가 우리 무리의 일원이라는 사실이 무척이나 좋아요. 왜냐하면 우리 가족은 매우 화목하거든요. 엄마와 아빠는 평생 함께 살아요. 얼마 지나지 않아 우리 늑대 굴에 새끼들이 또 태어날 거예요. 엄마와 아빠는 여우 굴을 우리 보금자리로 차지했어요. 직접 굴을 새로 파는 것보다 원래 있던 굴을 쓰는 것이 더 쉽거든요

해마다 4월이 되면 엄마는 새끼를 4마리에서 6마리 정도 낳아요. 새끼의 몸무게는 각각 0.5킬로그램 가량 되는데 아직 귀도 들리지 않고 앞도 보지 못해요. 그래도 냄새는 맡을 줄 안답니다. 엄마는 새끼들에게 젖을 주면서 곁에서 돌보아 주어요. 아빠는 사냥을 나가 먹이를 끌고 들어오지요. 갓 태어난 새끼들은 젖만 먹어요. 한 달이 지나면 엄마의 입에서 반쯤 소화된 먹이를 핥아먹지요. 다른 늑대들과 나는 아빠가 먹이를 가져오는 일을 도와요. 그렇게 하면 엄마는 하루 종일 새끼들 곁에 있을 수 있거든요.

어린 새끼들은 태어난 지 두 달이 되면 놀이터로 따라 나와요. 그곳에서 아빠는 무리 속에서 행동하는 법을 가르쳐 줘요. 이따금 아이들을 아주 엄하게 대할 때도 있어요. 하지만 엄마와 아빠 곁에서 뒹굴며 놀 때가 정말 좋아요.

가시해마

이렇게 만나게 되어 너무나 반가워요! 말 머리와 비슷하게 생겨서 해마라고 불려요. 우리는 여기저기 옮겨 다니는 걸 좋아하지 않아요. 그래서 언제나 같은 자리에 머물러 있답니다. 게다가 머지않아 아기 해마도 여럿 태어날 거예요. 마치 동화 속 이야기 같지 않나요?

나는 누구일까요?

이름: 가시해마
종류: 어류

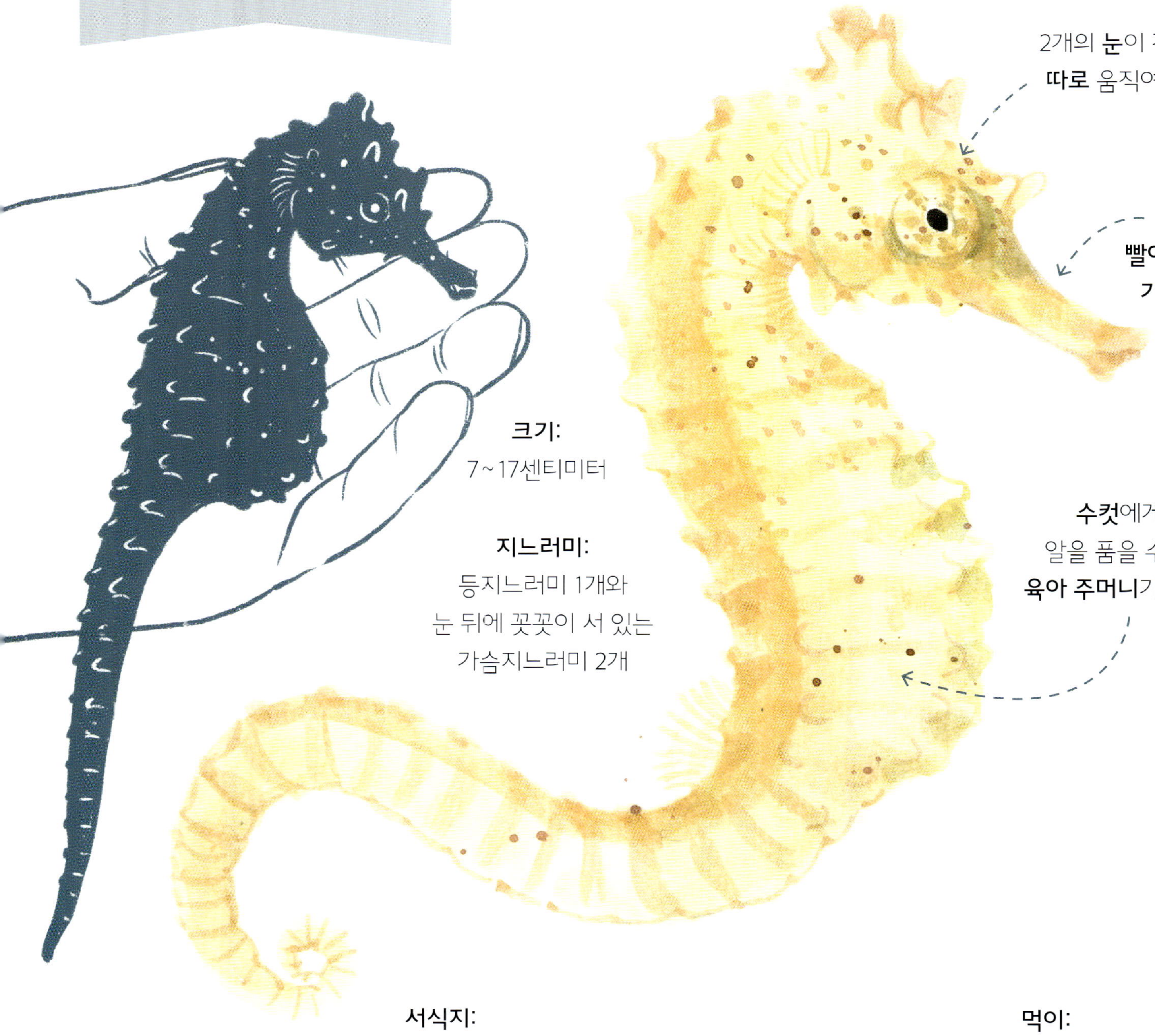

2개의 **눈**이 각각 **따로 움직여요.**

먹이를 빨아들일 때 쓰는 **기다란 주둥이**

크기:
7~17센티미터

지느러미:
등지느러미 1개와
눈 뒤에 꼿꼿이 서 있는
가슴지느러미 2개

수컷에게는
알을 품을 수 있는
육아 주머니가 있어요.

서식지:
아시아 열대 지역의 수심이 얕은 바다에 살아요.

먹이:
플랑크톤, 작은 갑각류와
갓 태어난 물고기

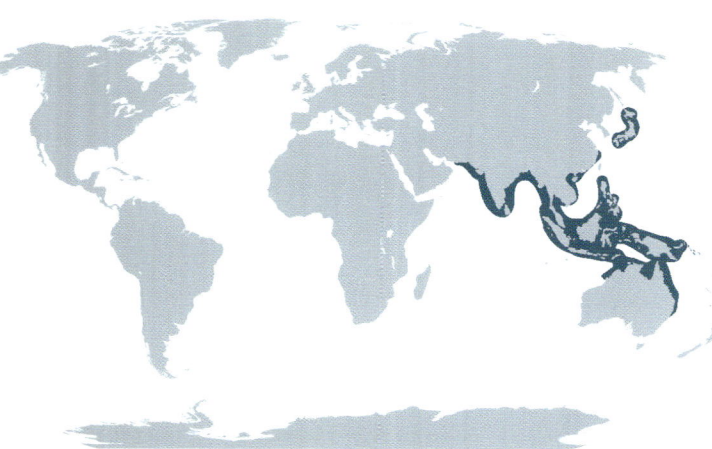

속도:
나는 아주 천천히 헤엄쳐요. 겨우 **시속 2미터** 정도 속도를 낼 뿐이죠.

0 2 m/h   100

천적:

게　　가오리　　참치　　바다거북　　사람

나는 **물고기**지만 **비늘이 없어요**. 등지느러미로 몸을 밀어서 **앞으로** 가지요. 가슴지느러미는 방향을 **바꾸는** 데 써요. 내게는 **꼬리지느러미**가 없답니다.

똑바로 서서 헤엄쳐요.

꼬리를 흔들어 배의 **닻**처럼 식물에 걸쳐 놓아요. 이렇게 하면 다른 곳으로 **떠내려가지 않고** 나만의 작은 공간에 조용히 머물 수 있지요.

나는 빨리 헤엄치지 못해요. 대신 주변 환경에 따라 몸의 **색상을 바꿀 수** 있답니다. 그래서 내가 물풀 사이에 있는지 산호 사이에 있는지 아무도 알아차리지 못해요. 나는 맛난 먹이가 올 때까지 **기다리고** 있다가 눈앞에 지나가면 주둥이로 재빨리 빨아들여요.

우리 아빠가 최고야:
아빠가 임신을 해요. 아빠는 엄마가 수정해 준 알을 주머니에 넣고 다녀요.

사람들은 나를 손쉽게 잡을 수 있어요. 나에게 아주 **위험한 천적**이지요. 아시아에서는 해마로 **약**을 만든대요. 다른 지역에서는 나를 이용해 예술 작품을 만들기도 하고 **수족관**에 넣어 버리기도 해요. 왜냐하면 나의 생김새가 너무 특이하니까요.

59

엄마와 아빠가 사랑에 빠졌어요! 아침이 되면 아빠는 엄마 주위를 돌며 춤을 춰요. 둘은 서로의 몸에 꼬리를 휘감고 껴안아요. 때로는 몸의 색깔도 바꾸고 바닥에서 서로의 꼬리를 감고 헤엄치기도 하지요. 물풀의 줄기를 같이 잡고 바닷물의 리듬에 맞추어 몸을 흔들기도 해요. 정말 아름답지 않나요?

어느 날, 엄마는 자신의 뱃속에 알이 있는 것 같다고 아빠에게 알려요. 둘은 서로 주둥이를 맞댄 채 위로 둥실 떠올라요. 아빠는 육아 주머니 밖으로 물을 뿌려 육아 주머니가 비어 있다는 사실을 알려요. 엄마는 자신의 산란관을 아빠의 육아 주머니에 넣고 수백 마리 알을 넘겨주어요. 엄마는 점점 날씬해지는데 아빠는 반대로 뚱뚱해지고 있어요!

산란관 : 알을 낳는 기관

얼마 후 엄마는 떠나고 알은 아빠의 주머니에서 자라요. 임신 기간은 대략 한 달 정도 된답니다. 엄마는 매일 아빠를 찾아와서 잘 지내고 있는지 살펴요. 주머니 속의 알들은 먹이가 들어 있는 액체 속에서 둥둥 떠다니며 무럭무럭 자란답니다.

보름달이 뜨면 아빠는 새끼를 낳아요. 출산은 무척이나 힘들어요. 100~200마리나 되는 새끼 해마를 육아 주머니에서 밖으로 밀어 보내기 때문이에요! 우리는 매우 자그마해요 (2.5센티미터도 채 되지 않아요). 하지만 많이 자란 상태예요. 우리는 서로의 꼬리를 감고 무리 지어 둥실둥실 떠나가요. 이제 자유롭게 우리의 삶을 시작해요!